ICE HOCKEY
Activity Book
for Kids 9 – 12

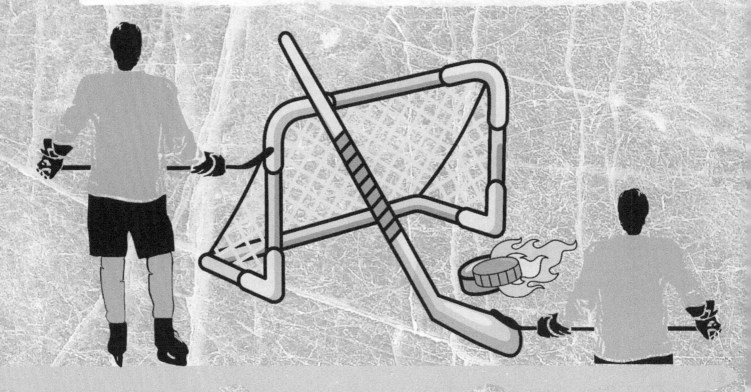

Word Search, Word Scrambles
Hidden Picture Puzzles
Mazes, Cryptograms & More
for Girls and Boys

©2023CopperPennyPuzzles™. All rights reserved. No part of this book may be reproduced, stored in a retrieval system, or transmitted in any form or by any means, mechanical or electronic, including photocopying, recording and scanning, without permission in writing from the publisher. Unauthorized reproduction of any part of this publication is an infringement of copyright.

The designs, activities and information included in this book are for general purposes only. We try to keep the contents as accurate and up-to-date as possible, but there are no representations or warranties, express or implied, about the completeness, accuracy, suitability or availability of the information, graphics, and content contained within this book.

Inside this HOCKEY ACTIVITY BOOK:

- Word Searches
- Hidden Object Puzzles
- Spot The Difference
- Mazes
- Word Scrambles
- Would You Rather
- Crossword Puzzle
- Palindromes
- Spot the Difference
- Cryptograms
- Rebus Puzzles
- Riddles
- And Much More!

How To Solve The Puzzles

Word search: Find words from the list by searching up-and-down, left-to-right and on the diagonal. Then circle them!

Sudoku: Each row, column, and square must be filled with the numbers 1-9, one time each. Don't repeat any numbers.

Wordoku: Each row, column and square must be filled with the letters of the given six letter word. No repeating!

Spot the difference: Compare the two images to find all the differences and circle them.

Crossword puzzles: Each row and column has a clue. Write the answer in the correct row or column.

Cryptograms: These are codes where each letter of a phrase is substituted with a different letter. Solve the puzzle by figuring out what letter belongs in each spot on the alphabet table.

Emoji Math: Each emoji is a symbol for a certain number. Look at the puzzles and find out what number each emoji represents. Then solve the final puzzle!

Word Scramble: Rearrange the letters to form a hockey word.

Hidden Picture Puzzles: The objects surrounding the picture are hidden in the picture. Find them!

Rebus Puzzles: Use the pictures and letters to figure out the hockey phrase.

 # WHAT IS ON THE ICE

```
E I Y O M L M X H W C U K Q C Q
V V S W V Y A G S Y D F T T E W
L B G N W W S Q G W A N J N L D
C L L N U C W T Y O G O I O E T
E U Z R D I V O T P R L F M J N
N E K B G G L E E D L X T G L I
T L D G Z O L N P A J Q Q C C F
E I R F S A I L O F J Y A K G V
R N T N Z L M G O D X X L J A B
I E X P D P T B I Y U R A M J L
C D F E J O U X O N E T A D U V
E L R C V S U O N N X G N U I H
C K R D D T B X A H I O Z P O K
M W N E U T R A L Z O N E B Q T
T I Q H V C E N T E R L I N E L
G Q A T H K H Q A T S H C H R A
```

BLUE LINE   CENTER ICE
CENTER LINE   DIVOT
GOAL LINE   GOAL POST
NET   NEUTRAL ZONE
RED LINE   ZAMBONI

Blueline to Blueline Maze

Word Scramble #4: KEEPING IT COLD

ZOABINM = _ _ _ _ _ _ _

SRAPEC = _ _ _ _ _ _

RZEOFN = _ _ _ _ _ _

OPND = _ _ _ _

OTROUODS = _ _ _ _ _ _ _ _

SONW = _ _ _ _

KRIN = _ _ _ _

RBDSOA = _ _ _ _ _ _

ENLSI = _ _ _ _ _

ISCKST = _ _ _ _ _ _

REIRGRTEFAE = _ _ _ _ _ _ _ _ _ _ _

RTEWA = _ _ _ _ _

Solution on page 98

Page 7

Cryptograms

Puzzle #1

A	B	C	D	E	F	G	H	I	J	K	L	M	N	O	P	Q	R	S	T	U	V	W	X	Y	Z

___ ___ ___
P Q X   Z X D H T   P Q X

___ ___ ___
Z T I X U Z   E U X Z   P Q

Puzzle #2

A	B	C	D	E	F	G	H	I	J	K	L	M	N	O	P	Q	R	S	T	U	V	W	X	Y	Z

___ ___ ___ ___
N R Y L M T   P B   A N M   Y R R S

___
B V R W A

Solution on page 90

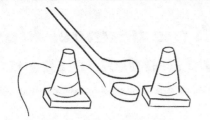

HOW TO WIN

```
N A R O B A A B I E T I K D Q C
M G G P T S L N O B L M C O W U
P J H V S D C X N X S P D G I W
E S S X V G T O L B G V P X G W
H T P M B N E T R E U Y U V W B
M I A X V M I F V E N F C R S D
E C S Z A U A P X I W P K E A C
V K S E O X U D E A W Y C D Y T
F H T P K L W M W T K I E W F G
A A E J G S O B O W T A Q M U O
I N W A G Y H Z L C S Y V W K J
K D T D N L H O A O C K S O J Q
X L I I R D T R O X V Q A U U S
E E G O A L P C W T L Z C T O C
W S Q I E B L K Z D W S P O E A
U F P E E P N F X S L Y T A A B
```

GOAL NET
PASS PRACTICE
PUCK SCORE
SHOOT SKATE
STICKHANDLE TEAM

Uncle Jim is trying to keep up with the younger kids! Find the objects on the outside that are hidden in the picture

Where's the guy who sells the popcorn?
Find the objects on the outside that are hidden in the picture

WHO IS ON THE ICE

```
P X A S S K C Q W X M O U D A Y
P I A E R D J B B I Z N I M S Z
U Z Q D R F W B U Z C B E E V M
P P A J E F R E F E R E E F E Q
T Y F L E F G P O I N T H Z F Q
G A J C S Y E I Q W Q N D L S X
O V R V Y A K N J D H E Q I P C
A P S C L M L X S N Y S D N D A
L D C L K J Y T Q E Y R R E L P
T F E U J K V S E B M E W S Y T
E O N F Q T H A T R G A B M I A
N R T Y R W Z C N N N G N A O I
D W E O G H P G I X H A T N W N
E A R L H Q G W I C Z Q T J A F
R R G R K U M D R Q D P X E F F
C D V R M Z C E L Y H P B H J U
```

ALTERNATE
CENTER
FORWARD
LINESMAN
REFEREE

CAPTAIN
DEFENSEMAN
GOALTENDER
POINT
WINGER

If you could write books about hockey what would some of the titles be?

Word Scramble #1: PLAY THE GAME

FFCOEAF = ___

AGEOLI = ___

SROEC = ___

ASSTSI = ___

ERTCNE = ___

EEDNFES = ___

TAATCK = ___

YLPEANT = ___

EPSINR = ___

RGNEIW = ___

ACOHC = ___

ENRTIRA = ___

Solution on page 97   Page 15

Word Scramble #2: THE GAME

FYPALFO = ——

TTUMEARNON = ——

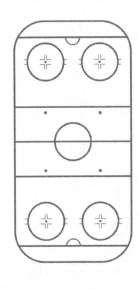

OVTEIEMR = ——

UZERZB = ——

IETLHSW = ——

EREEERF = ——

ALNEISNM = ——

COCHA = ——

NEARA = ——

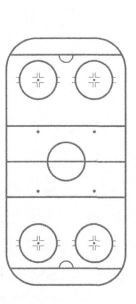

TMSDUIA = ——

OOTSH OTU = __ __

TPNEYAL OSHT = __ __

EQUIPMENT YOU NEED

```
S L D Y D U N I F P E F K U V D
Z I V S S R Y R S U A E X P P X
R K Y W W E K X S W K N S B F Q
U C P G S V T E S D W D T V B I
N H Z R E K V J R H S W S S Y M
U Z E R Y O Y A K E I G Q M R A
M J C I L C U S T A F N D P M Z
T X W G M G Q A P M X S P R R B
H L J U H B K V K R R Q S A U D
P X P T J S K R C C C C O F D T
D X U G H S T I C K S H K A L S
H O I P O E N E C K G U A R D A
M Q B P F F L G Z M W O A T G Q
Y R V G H R S M B W M U G N Q G
V V S H O U L D E R P A D S A P
K V W Q I E H G R T M I J G J Y
```

GLOVES   HELMET
JERSEY   MOUTHGUARD
NECK GUARD   PANTS
SHIN PADS   SHOULDER PADS
SKATES   STICK

HOCKEY WORDOKU 1
Word Used in Puzzle: STICKS

S	T	S		I	C
C		I			S
	I	K	S	C	
S	C	S	T		I
I		S	T		K
K		S		I	T

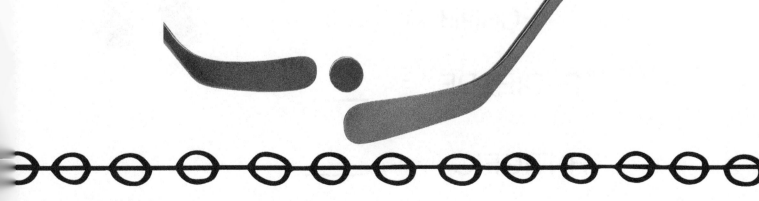

Word Scramble #3: PENALTIES

GHRCAE = ___

IPTR = ___

HASLS = ___

NIRBDAGO = ___

IHRNGGUO = ___

EECTENRFNREI = _____

EPRAS = ___

EBOWL = ___

OKMPSNRLISETUNA = _____

ECBNH = ___

SFOIESDF = ____

HNTIGFIG = ____

Page 20

Solution on page 98

Power Play Maze

HOCKEY WORDOKU 2
Word Used in Puzzle: HOCKEY

E	K			O	C
C		O	E	Y	
H		E	C		Y
Y	C	K	O		E
O			K	E	H
K	E	H	Y		O

Would You Rather???

Would you rather score the game-winning goal in the tournament finals or make a game-saving goal line save in the same game?

Would you rather have Wayne Gretzky as your teammate or Alexander Ovechkin?

Would you rather play in a Stanley Cup Final game or an Olympic gold medal match?

Would you rather be the first one or the last one out of the locker room?

My Path To The Goal Maze

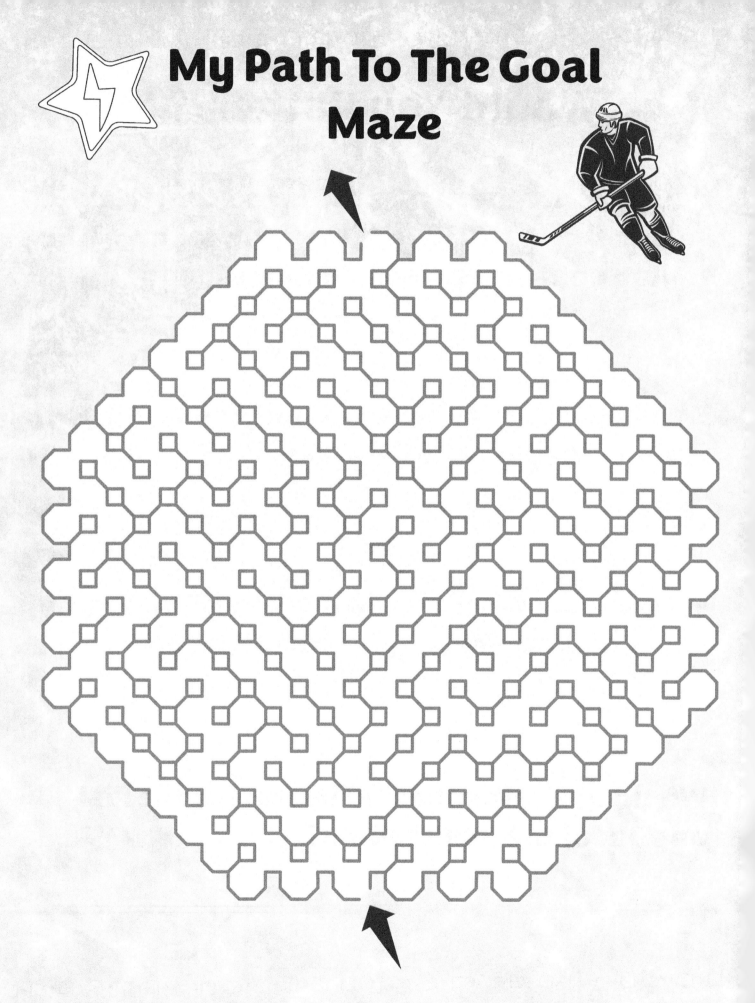

CONNECT THE DOTS

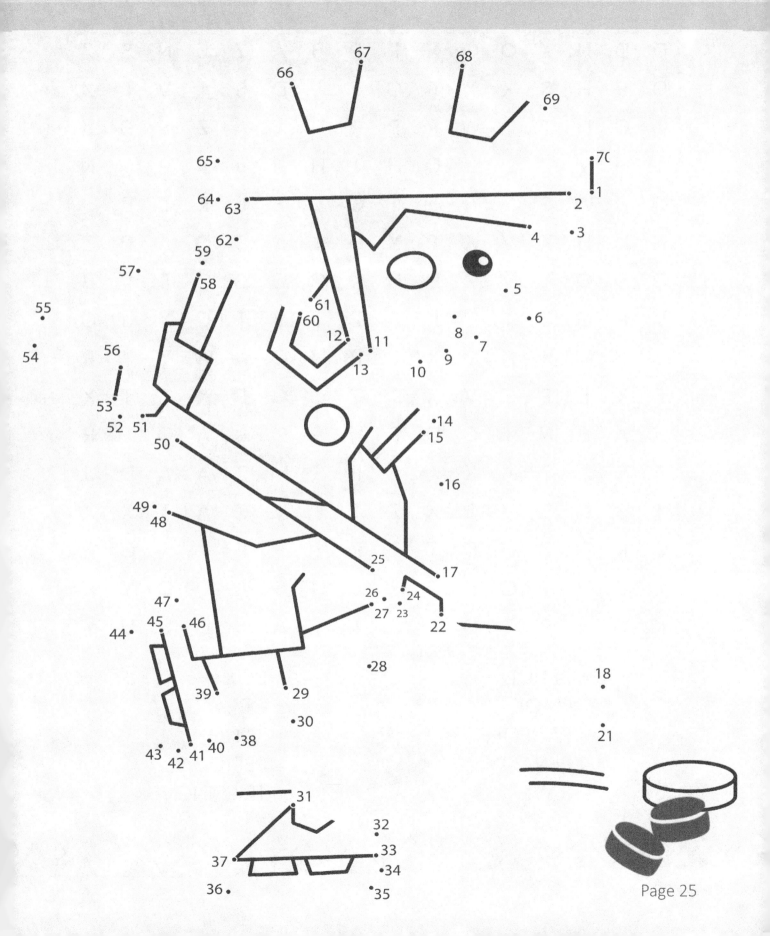

IMPORTANT WORDS TO KNOW

```
D D N X Q Q S F P B A Y E N S Z
Q P H S X X P O E L D S T V E X
Q C H T T W R P R N I A Z S B J
I H Y Z U J O H I H U V A P Y N
Q H W S N R F I O V E E K L B S
N H H K V W E X D I R B O A P Q
C R Q Y M Z H H K C O B O E V B
V P G J I C K A Z I V T G X J O
J P M K N M X L B N Q A W Y J R
F K E E Y V X I T G C E X T T X
A A B N I Q D P H S O P A Q L R
A D C Z A X A L F S M Z A A D J
I G N E V L X Z T F V Z A T X X
O K O Z O D T T R I P P I N G P
L J V T G F D Y B U S W Q O Y K
K G E P T Q F S I T A X D S U Y
```

BENCH   BOX
CAGE   CREASE
FACEOFF   ICING
PENALTY   PERIOD
SAVE   TRIPPING

HOCKEY WORDOKU 3

E	H	E	M		L
	M	T	E		
		M	T	L	E
T	E		H	M	E
M	L			H	T
	T		L	E	

Word Used in Puzzle: HELMET

Word Scramble #5: POST SEASON

AYFLOFPS = _____

WDIL DARC = ____ ____

ISAFLN = _____

ISSME = _____

ANTNGDISS = _____

CARKBET = _____

ANRNIKG = _____

SCDEEHUL = _____

ORCSE = _____

OSNAES = _____

LASENTY UCP = _____ ___

NCEOEFRNEC = _____

Page 28

Solution on page 99

FaceOff Maze

WHAT YOU NEED TO PLAY

```
O D P T G P A D G B O B E N C H
C X C W I S T C L H R X G F D D
K R Y P H I C E Y Q L Q V L B E
S V I B S I K A L U K P S P Y V
H I Y W S T S C I H X D J G F G
S B T B T P M T R V R M Y H A A
P C U V I Z W B L A W W A K I E
P U O Q C S R N O E B T A M W H
S O C R K Z I B S N F E B K B Y
Q Y L K E P N A Q T G B C G G V
X M N G A B K Z C A U O A Y H V
F W M A V I O N C U L I A C S W
V E J Q Q Q F A A C L M T F I O
S K R U A D Q A R V C R J M M N
H D Z J D N A H U D F Q W Q I K
L F O N Q I U S K X C D W F R M
```

BENCH
CAGE
ICE
RINK
STICK

BOARDS
CLOCK
PUCK
SCOREBOARD
WHISTLE

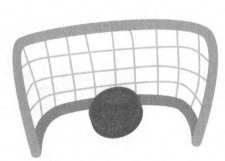

Ready to go? Everything in your hockey bag? Find the objects hidden in the picture

Another snack bar dinner!
Find the objects hidden in the picture

Help the winger get the puck, carry it to the net and then get off the ice!

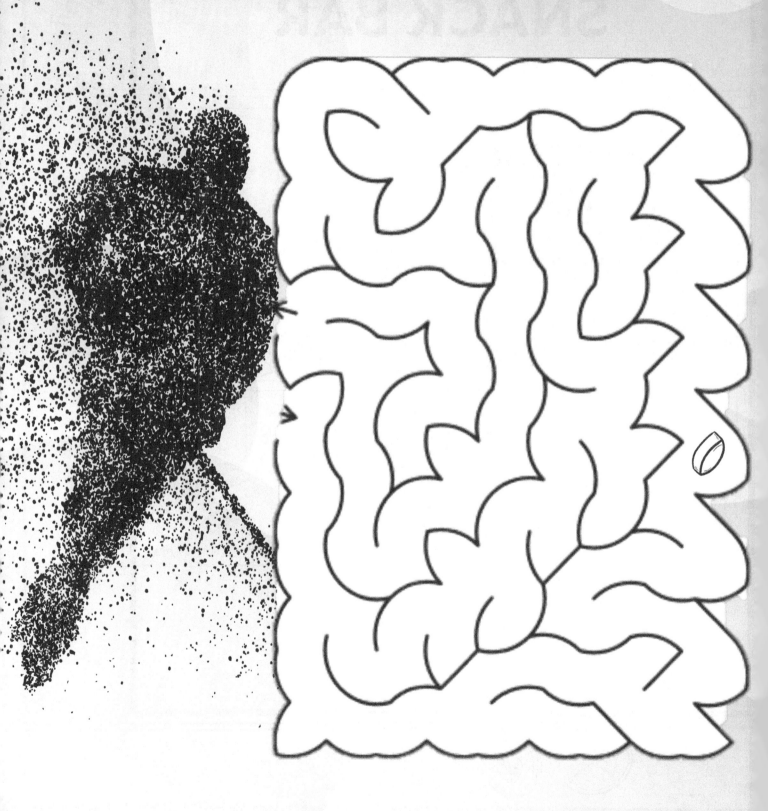

Cryptograms

Puzzle #3

A	B	C	D	E	F	G	H	I	J	K	L	M	N	O	P	Q	R	S	T	U	V	W	X	Y	Z

_ _ _ _ _ _   _ _ _ _   _ _ _ _
J G S E L S   P D K H   R S S P

_ _ _   _ _ _ _ _ _
H U S   T D E G I S

Puzzle #4

A	B	C	D	E	F	G	H	I	J	K	L	M	N	O	P	Q	R	S	T	U	V	W	X	Y	Z

_ _ _ _ _ _ _ _   _ _ _ _ _   _ _ _
S L J W A K O U   W J U L Y   S C L

_ _ _ _ _   _ _ _ _
N O L J W   A K O U

Hockey Stadium Bingo
What can you spot in the arena?

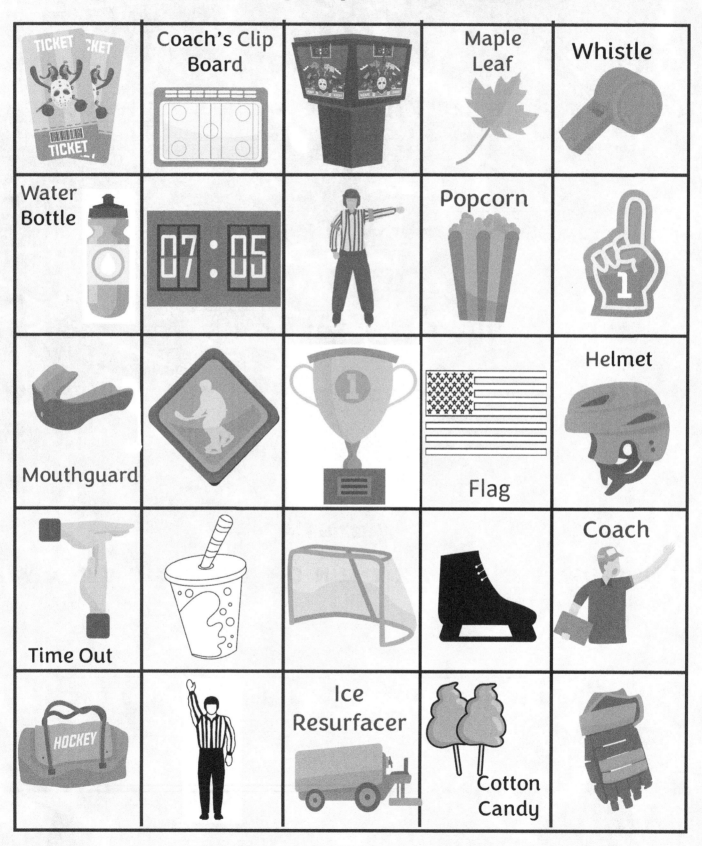

CAN HAPPEN DURING THE GAME

```
T J U R C J M M L Z H D H C Y K
J C U K R N C U E H H Z C A D T
S P M A S I A H K P B X L S D R
Q E O E G I S H U Y W P L G S I
M N W W I R S N H R R L F A O P
Y A D I H C I R J E A R V W G R
Q L L C N A S A W F R R T G C H
Q T Y K X U T O J G U U A B L Q
N Y X X B F P N A L L A D A E A
N S Q G I I Z S Y V W Y S I A W
P H G H A T T R I C K C I Y R F
I O S M D N M L L M A A E K Q H
B T M I D K D V Z C V Q S Y L C
N S Q C H A N G E U P J N X E Z
Q U L H C O T D B C F I B P A T
X M X D R P J Z O L K F Y F V H
```

ASSIST
CLEAR
HAT TRICK
POWER PLAY
TRIP

CHANGE UP
FALL
PENALTY SHOT
SHIFT
WIN

Word Scramble #6: EQUIPMENT

CKSIT = ___

TAKSES = ___

EKCN DRAGU = ___ ___

THLEEM = ___

HDESLORU ADSP = ___ ___

OLSEVG = ___

HUOTM UARGD = ___ ___

EACF SLIEDH = ___ ___

NPAST = ___

ERJSEY = ___

PATE = ___

UCKP = ___

Solution on page 99

Can you sketch your ideas for a movie about hockey?

HOCKEY WORDOKU 4
Word Used in Puzzle: JERSEY

Y	R	E	S	J	
		S		E	
J		Y			R
	S	E		Y	
E		J	Y	R	
	Y	R	J		

PARTS OF THE GAME

```
S M Z T J T J W K N Q T R M N L
R S O X A H I I J L Y U M B E D
L Z H V Z U I M L Z J L G I F K
M G B O E S C B E B U K T W I L
V Y Y O O R K F N O B C D G N E
Y N E I C T T A N J U M X B T D
M I D C T H O I T S V T R D E V
F B A Z V N A U M I Y T A H R U
O U J Z O F O N T E N Y S X M J
H O B Z Q N H W G S K G S F I B
Y M Y X H B E J A E Z J U S S P
P B X O G V W O O R Q A E M S S
W P Q F O V I J W R M L V O I W
S V U M V E J Y M H U U Z O O Z
A D O I L R B Q Q R J I P S N O
N M H T O E Z W S Q Q E S K E O
```

CHANGE
OVERTIME
SHOOT OUT
TIE
WARMUP

INTERMISSION
RULES
SKATING
TIME OUT
ZONE

Find the 7 differences!

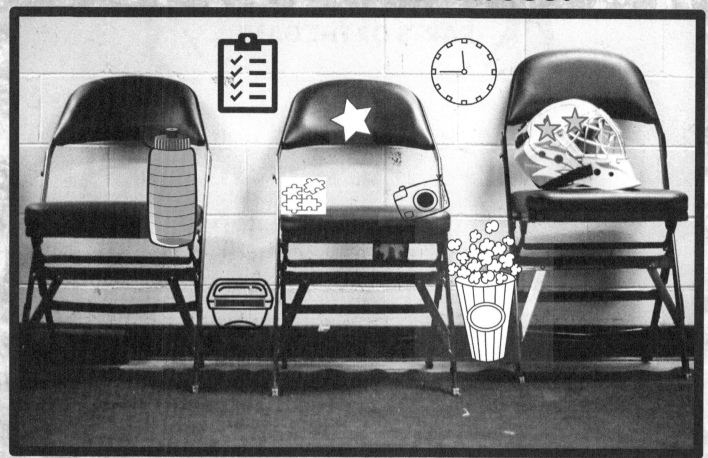

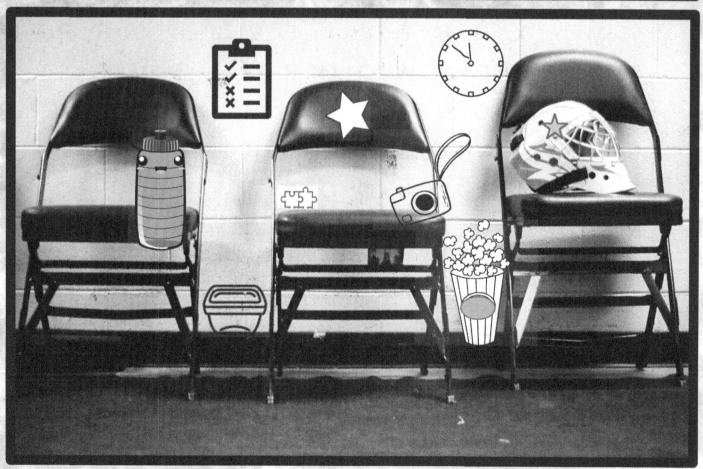

Page 42

Solution on page 91

HOCKEY WORDOKU 5
Word Used in Puzzle: SKATES

	A		S	K	S
		K			T
	S	E			K
S	K	A			
K	T	S	S	E	A
				T	S

Solution on page 95

Hockey Stick Maze

Create a story about your superpower

WINTER SPORTS

```
S A S K I J U M P E C X H I N B
N O Y Q O B V V Z C H R R O J S
O I H Z N D Z B O B S L E D W R
W J R X T G J N Z Y H C M G L A
B R A L H S Y V L X D G N Q G I
O D K O F T K U D V A I A N I W
A N G B S P Y I G J T N I W L M
R W Y F X T J W I A G T Q D M Z
D F E K N X X V K N A A J S G T
I Y L Z S K Y S C K G O Y I L P
N M Z P U E D M S U U H T M J T
G Q R H K E T E E L R A B E G H
G Q J C E X C S U S B L G J E X
X P O P C I X L R Y Y U I J R E
P H S K B I A T H A L O N N B A
L T Y I V U K N B W Z Q M O G V
```

BIATHALON
CURLING
ICE SKATING
SKI JUMP
SNOWBOARDING

BOBSLED
HOCKEY
LUGE
SKIING
SPEED SKATING

Riddles

What do you call a hockey player with a six-pack?

Your answer: _____

What do magic and hockey have in common?

Your answer: _____

Which goalie can jump higher than the crossbar?

Your answer: _____

How does a skeleton drive to the hockey game?

Your answer: _____

Can You Turn These Into Hockey Emojis?

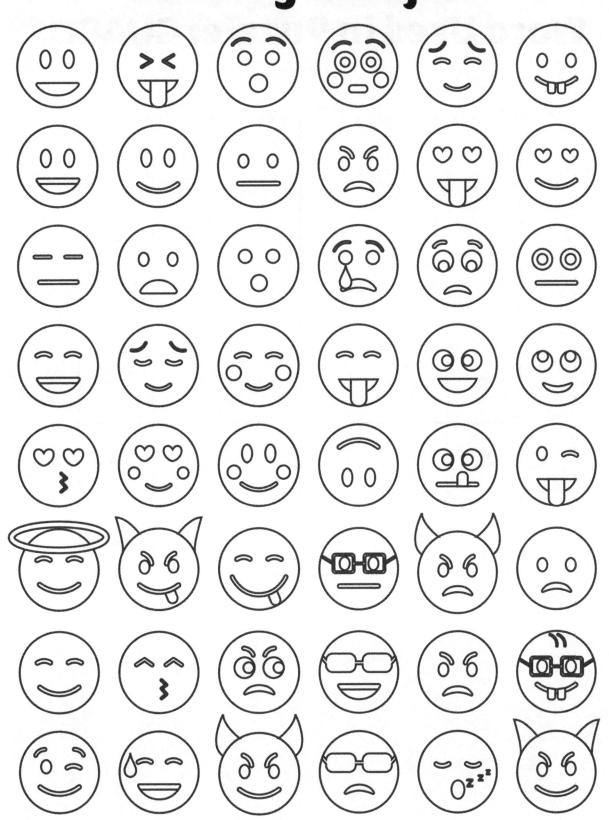

HOCKEY WORDOKU 6
Word Used in Puzzle: GUARDS

	R			D	G
A	D	G		R	S
	G			U	
S	A	U			
R					D
	S	D		A	U

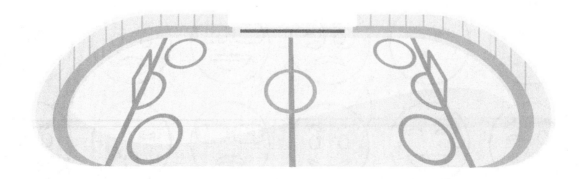

The Defenseman's Path From Behind The Cage To The Bench

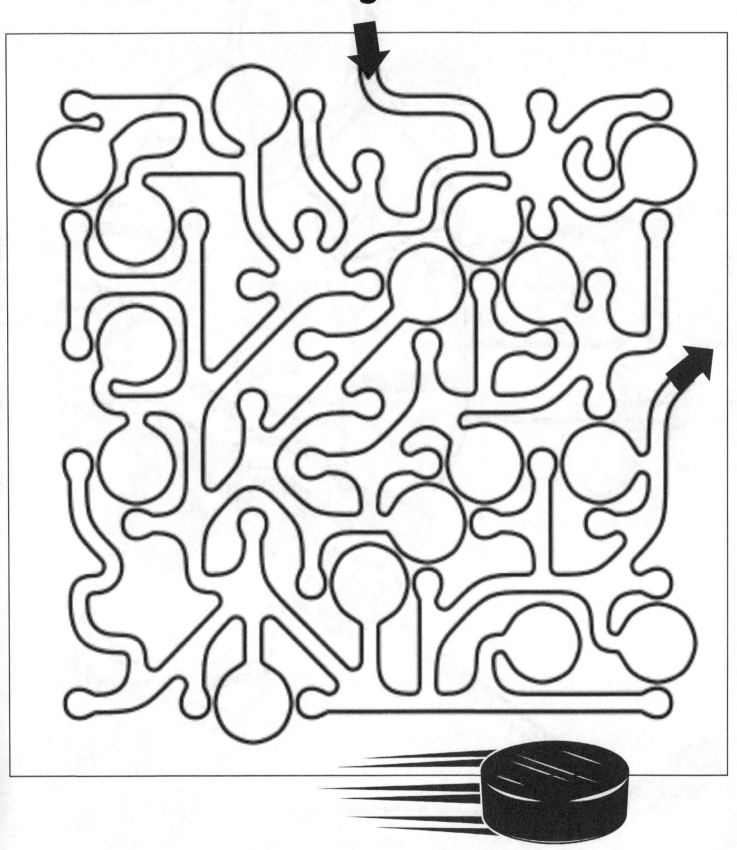

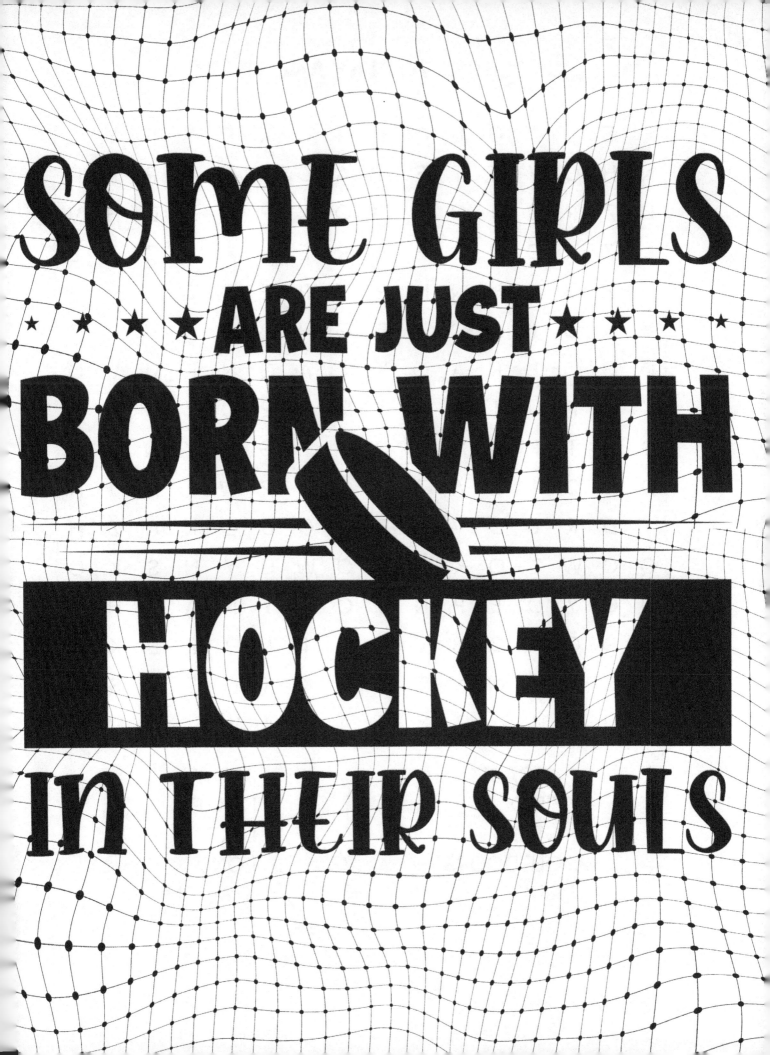

PLACES TO PLAY AND TRAIN

```
P E L I G U M E X C X P Y P Y E
N H Q Y F I S T A D I U M R E D
D Z R S J O T M O Y P B I D H V
K Z X D U G E A R E N A A Q Z L
P Z G Y H N M R V P E C O I M J
Y S G I A C D O G H R F D V R P
D G D L R A O X Y A Q N R U V O
X O P U I T J I M S E O Z U O G
S U T F N V Z O S Z G X Y W F M
D T O I K A Z W O Y P W L A J H
I D R E D V N R J Q B O K A Z H
Q O W L Q K F K O W U Y N S K C
N O Y D E P N J C K Y N A D H E
D R O H Q C T R A I L J F E K S
D S V G W N T I I K X G E B S B
G U T I V Z Y T A N A W J O M W
```

ARCADE
FIELD
GYM
OUTDOORS
RINK

ARENA
FROZEN
LAKE
POND
STADIUM

Cryptograms

Puzzle #5

A	B	C	D	E	F	G	H	I	J	K	L	M	N	O	P	Q	R	S	T	U	V	W	X	Y	Z

```
___  _____    _____
U G  R M F T B   W T L V B

_____    __    ___
X I B C C   I R   W L J
```

Puzzle #6

A	B	C	D	E	F	G	H	I	J	K	L	M	N	O	P	Q	R	S	T	U	V	W	X	Y	Z

```
_____    ___    ____
L P T B C   C B V   L A O E
```

MANEUVERS

```
I L G G F E E A P G T O B Z L R
W L J P I N W V P F M O V Q N B
F L I P P A S S D F E G W G X L
F K Q Z S C B U V N T Y P X D I
E W Z M H N I R H E A D M A N N
V T E I O N F V E U K D E O J D
I M D N O H F V Z A X V K O R P
C X C T T U Y S T U K U H E G A
Z M B A C K H A N D F A V E J S
S C R H C E M P F D J O W H S
F O R E C H E C K B S K Y A N B
T V A J P X K W L S C H A D Y C
T L P J A U W Y O R N W T D P S
Q E J S L B I R I Q H Y Z P B P
E B G N K F C D R O P P A S S V
C F S T I C K H A N D L E W I X
```

BACKHAND
BREAKAWAY
DROP PASS
FORECHECK
SHOOT

BLIND PASS
CROSSOVER
FLIP PASS
HEAD MAN
STICKHANDLE

Spot 8 differences!

Solution on page 91

Page 57

Tic-Tac-Toe

Can you figure out the hockey phrases?

REBUS PUZZLE #1

t+ 🌢 -dr 🐚 l=f
     drop   shell

=

_ _ _   _ _ _ _

REBUS PUZZLE #2

🐟-sh+🌊-wa 💍-rn+⬅-ft
fish   wave   horn   left

=

_ _ _ _   _ _ _ _

Draw a hockey player taking a shot

Follow The Puck During Warm-Ups Maze

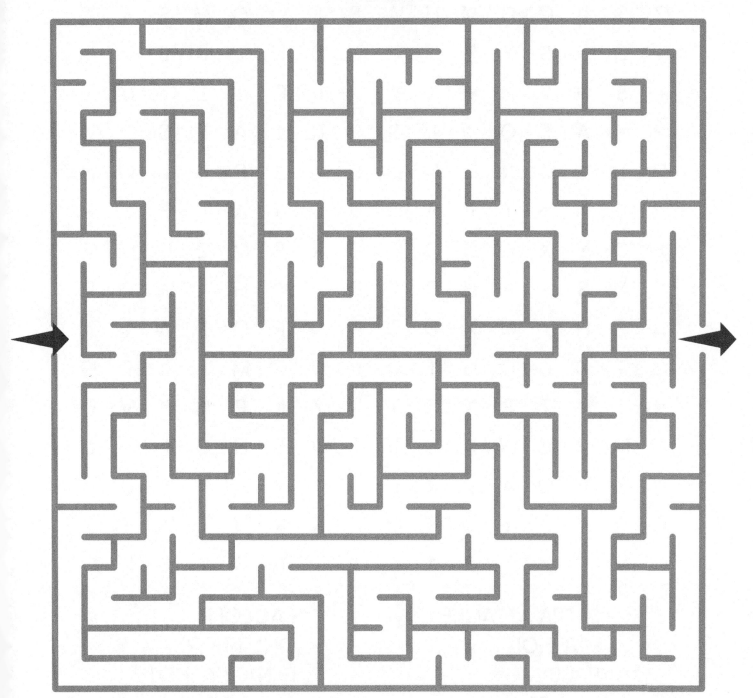

WAYS TO SCORE

```
L I F A C E O F F X P R A E X K
Z G P G D M H W F F G G M S K T
I Q E S S K I N L D H L B E V M
L S N Y H H I A N P C I E L M K
R P A F O W L S P N T A E S X K
H L L Q R D U H F I X R S L O H
R B T H T L A O U T X A F F S R
F O Y X H C Q O O R P M Z G M F
P N S E A H B T Q I W H L W Q U
A E H X N X Q O R H R Q E W L K
Q T O D D H T U E U F M E X E G
R I T T E X O T X Z K P H K V Q
N M P B D X L F I V E H O L E J
L E P O W E R P L A Y I Y Y U H
G R Y K I O S C E N R B L W Z Z
W M E X T R A A T T A C K E R O
```

EXTRA ATTACKER   FACEOFF
FIVE HOLE   ONE TIMER
PASS   PENALTY SHOT
POWER PLAY   SHOOTOUT
SHORT HANDED   WIN

Can you figure out the hockey phrases?

REBUS PUZZLE #3

🎩 🚚 u=i
hat   truck

=

_ _ _ _ _ _ _ _

REBUS PUZZLE #4

h+ 👂 r=d 👨 👔 i=h p+🚚-tr
   ear   man tie   truck

=

_ _ _ _ _ _ _ _ _ _ _ _ _

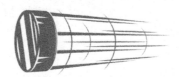

OTHER SPORTS

```
I N F C R O S S C O U N T R Y D
L C A B L C I Q G Y I M J G M O
S E W S E C R W K B T E N N I S
I Y H F I E L D H O C K E Y S H
A A Y L F V J Z D B G I K S T M
R K B K A Y G M C K I P F M V X
M M J Z B C R J B K G I O N O E
M Q G G V E R T C H G C O C L B
J G Q M D S K O U U Y K T X L S
A O A A B O R F S W C L B B E X
P L O O Q C U I D S N E A A Y U
P F R A Q C I F Z F E B L E B E
F B A S K E T B A L L A L Q A J
S B Y Y N R V C T A M L S P L T
G B R I B V U U U A D L K A L E
E H Y Y S D C B B H V C J P S A
```

BASKETBALL
FIELD HOCKEY
GOLF
PICKLE BALL
TENNIS

CROSS COUNTRY
FOOTBALL
LACROSSE
SOCCER
VOLLEYBALL

Hockey Crossword
Another Name For...

ACROSS
1. Teeth
2. Main fighter on a team
3. Gap between the goalie's legs
4. Nickname for the goal posts
5. Score just before the end of a period
6. A celebration
7. Talk trash to the opposition

DOWN
1. An assist
2. Center of the ice
3. Three goals in a game by the same player
4. Another name for the penalty box
5. The ice resurfacing machine

Draw a picture of you in your hockey equipment. You look like you're having fun on the ice!

Cryptograms

Puzzle #7

A	B	C	D	E	F	G	H	I	J	K	L	M	N	O	P	Q	R	S	T	U	V	W	X	Y	Z

_ _ _ _   _ _ _   _   _ _ _ _ _ _ _
Y V M Y   S M H   M   P M L E M P Q

_ _ _ _
P D M T

Puzzle #8

A	B	C	D	E	F	G	H	I	J	K	L	M	N	O	P	Q	R	S	T	U	V	W	X	Y	Z

_ _ _   _ _ _   _ _ _ _
U E N   Z K N   R I E X

CHAMPIONSHIPS AND TOURNAMENTS

```
B W I M S H N T N T F F V W I Y
I A O B E L C P W C C I U G Q W
G L W M I N X C J W A U M H V B
T L O H E X S P M E O A Q X W E
E S M C N N J O R Z D R V P A I
N T E N C K S W L E F T L X R Q
C A N Z A X C O Q Y Y S T D J C
O R S M N C U W L G M G V W S V
N C W L A B P U N Y K P U V G S
F L O L M P V I G K M P I B S N
E A R P W U Y O R N F P D C G J
R S L J C C K K N W U X I Z S V
E S D W O J I L T O H R U C C W
N I S W O R L D J U N I O R S M
C C S T A N L E Y C U P V V W Y
E I K W X X D P G O C X P V N P
```

ALL STAR CLASSIC
CAN AM
NCAA
WOMEN'S OLYMPICS
WORLD JUNIORS

BIG TEN CONFERENCE
MEN'S OLYMPICS
STANLEY CUP
WOMEN'S WORLDS
WORLDS

Game Alert!

Which NHL teams have home jerseys with these colors as one of the main colors?

Red _____

Teal _____

Blue _____

Gray _____

Orange _____

Yellow _____

Black _____

Green _____

Solution on page 94

Decorate the helmets – then design your own!

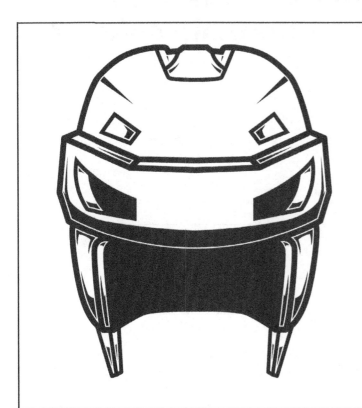

Your helmet:

HOCKEY TROPHIES AND AWARDS

```
H X K P J S U N N I A V B N D Q D R
B E U L M A U R I C E R I C H A R D
Y N Y C Z G D C F M K E V H R F D Y
Y P D Z M R M O G A J J Z T A F M K
W O N R I H G T C P Q L A H H R F Q
G U O O T S M J X K X L J C N F T M
R F R J A C K A D A M S Q Y R E G F
U U R O L A D Y B Y N G Q K H X L F
F P I I T L B P Q H R G N T F I J A
H E S Q V E S A I L B E Y P E O Z Y
L L N G E Z D L R M D M C B F Q R A
W Z P I Z Q T Z K T S X Y Z R T A G
J G N J I Y L O Z N R A C Q B S T Y
I J F G N G P A N G B O B X T Y U K
H F F Q A T B O C G V D S O Z I C A
R T P U Q D C D L U S N R S A E N L
R B A Z C A L D E R Q Y S C U O V N
R M E S S I E R L E A D E R S H I P
```

ART ROSS
CONN SMYTHE
JACK ADAMS
MAURICE RICHARD
NORRIS

CALDER
HART
LADY BYNG
MESSIER LEADERSHIP
VEZINA

Draw what's in your hockey bag
Don't forget water bottles, candy wrappers, half eaten bagels and sports drinks!

Spot the 8 differences!

Solution on page 96

Page 73

WORDS USED A LOT

```
Z W R F T A N W Z Q B D Z Y O S
D N E U T R A L Z O N E E O Y U
Q J C E L F Y E T E P M O C T H
P I K D Z M A F T R W F Y N E R
M A A F W A L N H U H R Z M B F
C P O G W O P C S S W O I S W J
K T V G E Q R T H M B T K J Z Y
W O O V T G E C S E R R M Q E H
E L F H Y N W G S E E T Q V C M
S V Q F S P O F V V K R A A X N
H P C R S P P O D O Y S C Q Z R
A H M B T I A Z S B R Q S C D E
O P O W E U D L A G L O U O I R
X A U Q M C Y E S O K P T R N A
R I S V L N L N S N T Y M K K I
S H O R T H A N D E D F V Y P W
```

CHEER
CROWD
OFFSIDES
POWER PLAY
SHORT HANDED

COMPETE
NEUTRAL ZONE
OVERTIME
SAVE
SLAPSHOT

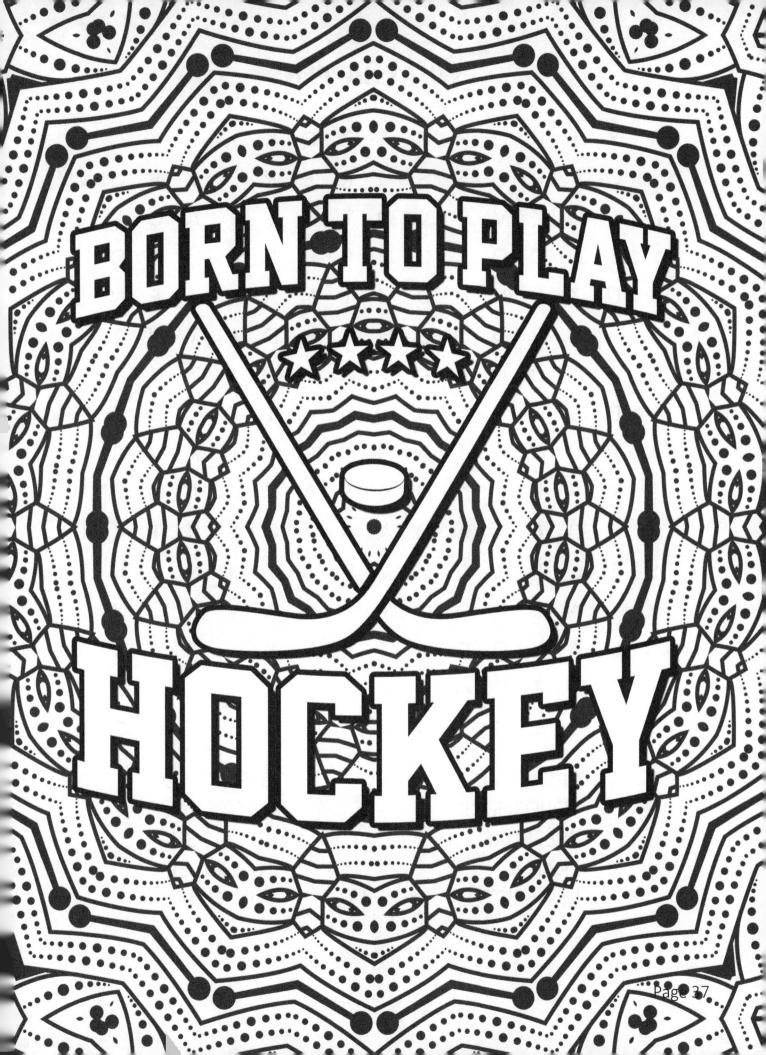

WHAT HAPPENS

```
T Y I H Q H U A Z Q K X L X C T
R O P R E S S U R E K O V E G W
M L H Z V I V O T C I I A C X Q
W T C O Q A C H E R P Z H Q D J
R U Z L N H U H I N A X I E N Z
I J H B D G C H M H D P T U Z S
X H T C R E E Y W H L S Z Y D K
H D B U R E D W N P I S G J E P
X P E O R I A H H S M E K V B G
P R F F E N N K S A T G A G F V
M A D A L W O A A A C S B T K B
U I C F A E N V R W T K N F N N
X V W E Q U C T E A A V E O Y H
S Q A K D D S T E R Y Y T D X Z
J E W T D C Y R E G P U J G C E
T M L E S L G C W D I Z Y C O K
```

BREAKAWAY
FORECHECK
PRESSURE
TRAP
UNASSISTED

DEFLECTED
GREAT SAVE
STRATEGY
TURNOVER
WHACKED

Palindromes

Palindromes are words that are spelled the same forward and backward. Can you figure out these palindromes?

Who usually drives to afterschool practices: _ _ _ _

A slapshot can be faster than a : _ _ _ _ _ _ _

Data records for the game: _ _ _ _ _

What you say for an awesome shot: _ _

What you use to see: _ _ _

A surface that is flat and even: _ _ _ _ _

Even more red: _ _ _ _ _ _ _

Game time is 12: _ _ _ _

A parent who often ties your skate laces: _ _ _

Solution on page 100

 # Sudoku

8				2			5	6
	6			9	3			
3		7	8		5	9		
4		3				6		9
		6		5	4	1		
1			6	3	7		2	
6	3					7		
5		1					6	
	8			7		5	3	4

# Cryptograms

Puzzle #9

A	B	C	D	E	F	G	H	I	J	K	L	M	N	O	P	Q	R	S	T	U	V	W	X	Y	Z

_ _ _   _ _ _ _   _ _ _   _ _ _
F L P   V K J T   M J E   F K B

_ _ _ _ _   _ _ _ _ _   _ _ _ _
E L P T Q   V T K H P   E R D P

Puzzle #10

A	B	C	D	E	F	G	H	I	J	K	L	M	N	O	P	Q	R	S	T	U	V	W	X	Y	Z

_ _ _ _ _   _ _ _ _
D I J W B   U W F J

HAVE A SNACK

```
E R E E H W B M Z G V Y I N B X
A L A F C Q P R E T Z E L S H H
T C N N R E D H K E I E U W A L
K L O F C U N V O A U M F T M S
P Q S R K S I E Y T I L X B B I
R C O E K C S T R O D G T I U T
O H V N W C X D C G K O D M R U
K I Z C V K Z I E L Y Y G X G M
Y P R H Z K N X R E U D M N E U
A S P F S C J N E E L U R C R O
T H G R R Y K M A S P I X I X O
I D U I G D X B L Y O K U N N I
X Q A E I Y A D W X T D J Y Y K
J D B S L V Y E Y Q B V A A Z D
E B H L D C J K L Z E Z F N L J
W C H I C K E N F I N G E R S N
```

CEREAL
CHIPS
FRENCH FRIES
HAMBURGER
PRETZELS

CHICKEN FINGERS
ENERGY DRINK
FRUIT
HOT DOG
SODA

Game over and it's snowing outside Snowball fight up next!

HOCKEY DIVISIONS AND THE ORIGINAL SIX

```
R X R S P E B T Q I O H C K C T
F U O M Z W F H N U L O A P B W
M C E F E R Y S U N F Q N T R X
A X M U E T E S I R K A A C U W
P O D C T Y R D U W J P D I I L
L I K Z M E P O W T L Q I Q N G
E R O Y G A M A P I J Y E E S O
L C R N A S T W C O N B N T K P
E U A C P P A L Y I L G S Z V Y
A R S E O O S J A M F I S D B W
F Q C N E A S F A N G I T A F K
S T J T V R I G L O T F C A J C
L Y B R K O E C S M W I F K N H
S J V A N G F O E L C G C U C N
M R K L M B L A C K H A W K S V
B V O N X F L K E R F U A B E T
```

ATLANTIC
BRUINS
CENTRAL
METROPOLITAN
RANGERS

BLACK HAWKS
CANADIENS
MAPLE LEAFS
PACIFIC
RED WINGS

Would You Rather???

Would you rather win the Hart Trophy as the NHL's Most Valuable Player or the Norris Trophy as the NHL's best defenseman?

Would you rather have a career as a starting goaltender or a top-line forward?

At a pro hockey game, would you rather eat cold soggy French fries or a cold hamburger on a mushy bun?

Would you rather smell your hockey bag or dog poop?

Solutions

My Path To The Goal Maze

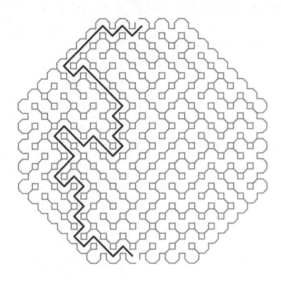

Power Play Maze

Warm-Ups Maze

FaceOff Maze

Word Search Solutions

WHO IS ON THE ICE – Solution

WHAT IS ON THE ICE – Solution

EQUIPMENT YOU NEED – Solution

IMPORTANT WORDS TO KNOW – Solution

Word Search Solutions

HOW TO WIN – Solution

WHAT YOU NEED TO PLAY – Solution

CAN HAPPEN DURING THE GAME – Solution

PARTS OF THE GAME – Solution

Page 87

Word Search Solutions

Word Search Solutions

OTHER SPORTS – Solution

CHAMPIONSHIPS AND TOURNAMENTS – Solution

HOCKEY DIVISIONS AND THE ORIGINAL SIX – Solution

HOCKEY TROPHIES AND AWARDS – Solution

Word Search Solutions

WORDS USED A LOT – Solution

WHAT HAPPENS – Solution

HAVE A SNACK – Solution

Cryptogram Solutions

1. GOT STICK, GOT SKATES, LET'S GO
2. HOCKEY IS THE COOL SPORT
3. PLEASE DON'T FEED THE GOALIE
4. TEAMWORK MAKES THE DREAM WORK
5. IF YOU'RE BRAVE, SMELL MY BAG
6. LIGHT THE LAMP
7. THAT WAS A GARBAGE GOAL
8. ICE THE PUCK
9. THE GOAL WAS TOP SHELF, GLOVE SIDE
10. GREAT SAVE

Spot The 7 Differences

Spot The 8 Differences

Uncle Jim

Popcorn, Please

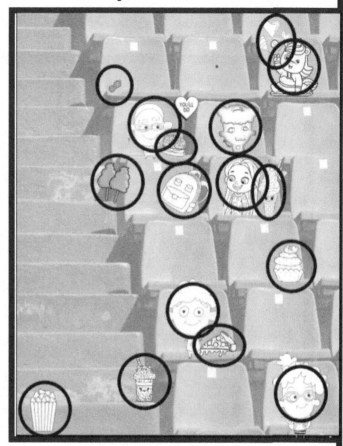

Hockey Bag

Snack Bar Dinner

HOCKEY WORDOKU 1
STICKS

S	T	S	K	I	C
C	K	I	S	T	S
T	I	K	S	C	S
S	C	S	T	K	I
I	S	T	C	S	K
K	S	C	I	S	T

HOCKEY WORDOKU 2
HOCKEY

E	K	Y	H	O	C
C	H	O	E	Y	K
H	O	E	C	K	Y
Y	C	K	O	H	E
O	Y	C	K	E	H
K	E	H	Y	C	O

HOCKEY WORDOKU 3
HELMET

HOCKEY WORDOKU 4
JERSEY

Y	R	E	S	J	E
E	J	S	R	E	Y
J	E	Y	E	S	R
R	S	E	E	Y	J
E	E	J	Y	R	S
S	Y	R	J	E	E

A Primary Color In Home Jerseys

Anaheim Ducks - Black
Avalanche - Blue/Maroon
Blackhawks - Red
Blue Jackets - Black
Blues - Blue
Bruins - Black
Canadiens - Red
Canucks - Blue
Capitals - Red
Coyotes - Black
Devils - Red
Flames - Red
Flyers - Orange
Golden Knights - Gray
Hurricanes - Red
Islanders - Blue
Jets - Blue
Kings - Black
Kraken - Blue
Lightning - Blue
Maple Leafs - Blue
Oilers - Orange
Panthers - Red
Penguins - Black
Predators - Yellow
Rangers - Blue
Red Wings - Red
Sabres - Blue
Senators - Black
Sharks - Teal
Stars - Green
Wild - Green

Riddles

Q: What do you call a hockey player with a six-pack?
A: An abdominal snow-man.
Q: What do magic and hockey have in common?
A: Hat Tricks
Q: Which goalie can jump higher than the crossbar?
A: All of them, crossbars can't jump
Q: How does a skeleton drive to the hockey game?
A: In a zam-bony.

Snowflake Maze Solution

Winger Gets To Bench

HOCKEY WORDOKU 5
SKATES

E	A	T	S	K	S
S	S	K	E	A	T
T	S	E	A	S	K
S	K	A	T	S	E
K	T	S	S	E	A
A	E	S	K	T	S

Hockey Stick Maze

HOCKEY WORDOKU 6
GUARDS

U	R	S	A	D	G
A	D	G	U	R	S
D	G	R	S	U	A
S	A	U	D	G	R
R	U	A	G	S	D
G	S	D	R	A	U

Rebus Puzzles

1. Top Shelf
2. Five Hole
3. Hat Trick
4. Headman The Puck

Behind The Cage To The Bench Maze

Spot The 8 Differences

Word Scramble 1: PLAY THE GAME

OFFCFEA	=	FACEOFF
ILEOAG	=	GOALIE
RCESO	=	SCORE
STISSA	=	ASSIST
ETRCNE	=	CENTER
ENEDSFE	=	DEFENSE
ATCAKT	=	ATTACK
PLNEYTA	=	PENALTY
EIRNPS	=	SNIPER
RWNGIE	=	WINGER
CCAHO	=	COACH
RINTEAR	=	TRAINER

Word Scramble 2: THE GAME

PFOAFYL	=	PLAYOFF
TROUNETMAN	=	TOURNAMENT
VIEOEMRT	=	OVERTIME
ZEURZB	=	BUZZER
SLTIEHW	=	WHISTLE
FEERERE	=	REFEREE
AINSMENL	=	LINESMAN
CHOAC	=	COACH
RANAE	=	ARENA
DMISATU	=	STADIUM
SHOTO TUO	=	SHOOT OUT
AYTENPL TOHS	=	PENALTY SHOT

Word Scramble 3: PENALTIES

HRCGEA	=	CHARGE
RITP	=	TRIP
SAHLS	=	SLASH
BIRANGOD	=	BOARDING
NRGGOHIU	=	ROUGHING
EEECFNNTREIR	=	INTERFERENCE
ASRPE	=	SPEAR
OBLEW	=	ELBOW
NMOSUIRSLANETPK	=	UNSPORTSMANLIKE
EHCNB	=	BENCH
SDFIEOSF	=	OFFSIDES
TIHGNIGF	=	FIGHTING

Word Scramble 4: KEEPING IT COLD

IMZANOB	=	ZAMBONI
ESAPCR	=	SCRAPE
EZFORN	=	FROZEN
NDPO	=	POND
OOUTORSD	=	OUTDOORS
SOWN	=	SNOW
RIKN	=	RINK
ODABSR	=	BOARDS
LIENS	=	LINES
CSITSK	=	STICKS
ERRFARITEEG	=	REFRIGERATE
WETAR	=	WATER

Word Scramble 5: POST SEASON

OSFAYPLF	=	PLAYOFFS
IWLD CRDA	=	WILD CARD
SLFNIA	=	FINALS
MSESI	=	SEMIS
SGSIDNTAN	=	STANDINGS
ARBCKTE	=	BRACKET
IGNKNAR	=	RANKING
ECEHSDLU	=	SCHEDULE
RCSOE	=	SCORE
SOANSE	=	SEASON
SNLAEYT PCU	=	STANLEY CUP
OFCEENERCN	=	CONFERENCE

Word Scramble 6: EQUIPMENT

CIKTS	=	STICK
SSTEKA	=	SKATES
CEKN GRUAD	=	NECK GUARD
TEHELM	=	HELMET
DSHEOLRU ASDP	=	SHOULDER PADS
OVEGLS	=	GLOVES
MUOTH RUADG	=	MOUTH GUARD
AFCE IEHDSL	=	FACE SHIELD
TPASN	=	PANTS
YJEESR	=	JERSEY
APTE	=	TAPE
KUPC	=	PUCK

Hockey Crossword
Another Name For . . .

Palindromes

Parent who often drives to practices: Mom
A slapshot can be faster than a: racecar
Data records for the game: stats
What you say for an awesome shot: wow
What you use to see: eye
A surface that is flat and even: level
Even more red: redder
Game time is 12: noon
A parent who often ties your skate laces: Dad

Sudoku

8	4	9	7	2	1	3	5	6
2	6	5	4	9	3	8	1	7
3	1	7	8	6	5	9	4	2
4	5	3	2	1	8	6	7	9
7	2	6	9	5	4	1	8	3
1	9	8	6	3	7	4	2	5
6	3	4	5	8	2	7	9	1
5	7	1	3	4	9	2	6	8
9	8	2	1	7	6	5	3	4

Blueline Maze Solution

OTHER BOOKS FROM COPPER PENNY PUZZLES

https://amzn.to/38A18b6

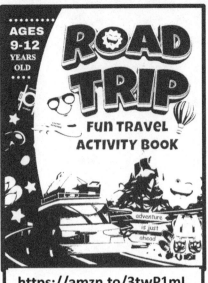

https://amzn.to/3twP1mL

https://amzn.to/3Qk5UdD

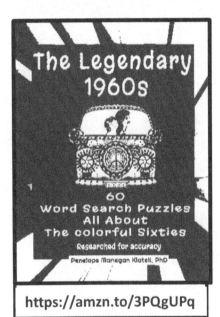

https://amzn.to/3PQgUPq

https://amzn.to/3WXFC4q

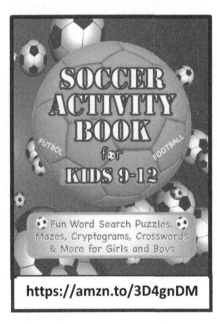

https://amzn.to/3D4gnDM

https://amzn.to/3fQTcG0

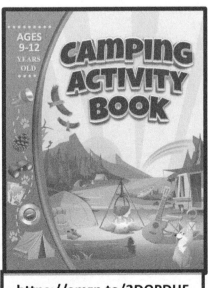

https://amzn.to/3DQPDHF

https://amzn.to/3G0QI2w

Made in United States
North Haven, CT
09 July 2023